AF586717

LA NOCE

ET

L'ENTERREMENT,

VAUDEVILLE EN TROIS TABLEAUX,

PAR MM. DAVY, LASSAGNE ET GUSTAVE,

REPRÉSENTÉ POUR LA PREMIÈRE FOIS, A PARIS, SUR LE THÉATRE
DE LA PORTE-SAINT-MARTIN, LE 21 NOVEMBRE 1826.

PRIX : 1 FR. 50 C.

A PARIS,
HEZ BEZOU, LIBRAIRE,
SUCCESSEUR DE M. FAGES,
AU MAGASIN DE PIÈCES DE THÉATRE, BOULEVARD S.-MARTIN, N° 29,
VIS-A-VIS LA RUE DE LANCRY.

1826.

PERSONNAGES. ACTEURS.

PERSONNAGES.		ACTEURS.
ABOULIFAR, gouverneur de l'île.	MM.	GRANGER.
ALIBAJOU, médecin de la cour.		MOESSARD.
AZAN, amant d'Irza.		JEMMA.
AROMATE, entrepreneur des pompes funèbres.		VISSOT.
CASIMIR FLORIMONT, laquais parvenu.		SERRES.
IRZA, fille du gouverneur.	Mmes	ELISA.
BOULBOULIS, suivante d'Irza.		FLORVAL.
GARDES.		
CHOEUR.		

La scène est dans une île voisine du Malabar.

DE L'IMPRIMERIE DE E. DUVERGER, RUE DE VERNEUIL, N° 4.

LA NOCE
ET L'ENTERREMENT,

VAUDEVILLE EN TROIS TABLEAUX.

Le Théâtre représente au fond le rivage de la mer, à gauche une espèce de cabaret avec des arbres, à droite le chemin de la mosquée.

SCÈNE PREMIÈRE.

ALIBAJOU, BOULBOULIS.

BOULBOULIS.

AIR : Bonjour mon ami Vincent.

Ah ! bonjour, mon cher docteur !

ALIBAJOU.

Bonjour, aimable suivante !

BOULBOULIS.

Et la princesse?...

ALIBAJOU.

En honneur!...
Son état me désoriente.

BOULBOULIS.

Quoi ! de la guérir
N'est-il plus moyen?...

ALIBAJOU.

J'ai beau réfléchir,
Je ne trouve rien ;
Aussi j'y renonce...

BOULBOULIS, *à part.*

Ah ! cela m'enchante ;
Le docteur s'en va,
Elle en guérira. (*ter.*)
La pauvre innocente,
Elle en guérira !

ALIBAJOU.

Mais un médecin a tort
D'abandonner la partie ;
Faisons un dernier effort
Pour tuer la maladie.

BOULBOULIS.

Mais en agissant,
En faisant ainsi,
Vous tuez souvent
Le malade aussi.

ALIBAJOU.

N'importe, je reste...

BOULBOULIS, *à part.*

O revers funeste !...
Malheureuse Irza,
Elle en périra ! (*ter.*)
Le médecin reste,
Elle en périra !

Vous pensez donc, docteur, qu'il y aurait encore quelque moyen?...

ALIBAJOU.

Peut-être... un mari, par exemple.

BOULBOULIS.

Joli remède, ma foi, encore pire que le mal... une pauvre enfant qui languit... qui dépérit... qui n'a plus que le souffle... allez donc lui donner le coup de grace! vous me direz que les remèdes violens sont quelquefois nécessaires... mais encore faut-il pouvoir se les procurer; et où voulez-vous que malade comme elle est, notre chère princesse trouve un épouseur assez délicat, dans un pays où la plus barbare coutume...

ALIBAJOU.

Arrêtez! ne dites pas de mal de nos usages, et sachez respecter nos préjugés nationaux, puisqu'ils sont le palladium de la tendresse conjugale.

AIR : Du fleuve de la vie.

Chez nous, s'il faut qu'un époux meure,
Cédant à ses regrets constans,
L'autre, dans la sombre demeure
Se fait conduire en même temps...
O Destin bien digne d'envie,
On l'enterre de son vivant!
C'est ainsi qu'il descend gaîment
Le fleuve de la vie.

BOULBOULIS.

Gaîment, tant que vous voudrez, cela n'empêche pas que tout le monde ici prend ses précautions, quand on se marie, et qu'une jeune personne dans la situation de ma maîtresse n'est pas de défaite; ainsi, s'il n'y a qu'un mari qui puisse la sauver, je crains bien qu'elle ne succombe faute du spécifique!...

ALIBAJOU.

Rassurez-vous.

BOULBOULIS.

Moi qui vous parle, est-ce que vous croyez que ça ne me conviendrait pas d'en avoir un? eh bien, j'ai toutes les peines du monde à me procurer cette petite douceur... j'ai pourtant de belles connaissances dans l'île; tenez, voilà quelqu'un qui pourrait vous en donner des nouvelles.....

ALIBAJOU.

Ah! mon protégé Aromate, garçon aussi gai que son costume est triste... Savez-vous que c'est un joli parti?

SCENE II.

BOULBOULIS, ALIBAJOU, AROMATE.

BOULBOULIS, *montrant Aromate.*

Vous voyez ce garçon-là... Eh bien! voilà plus d'un an qu'il me fait la cour, sans se décider à rien.

ALIBAJOU.

Eh quoi! seigneur Aromate, ce qu'on vient de me dire serait-il vrai, vous hésiteriez à épouser ce bijou-là?...

AROMATE.

Je ne dirai pas précisément que j'hésite, cependant je diffère... Ce n'est pas la bonne volonté qui me manque, mademoiselle Boulboulis sait bien que j'en sèche sur pied de désir; mais c'est plus fort que moi... aussitôt que je suis sur le point de me déterminer... de prendre mon parti... je me rappelle l'article 3 du titre 2 de votre code matrimonial, le frisson s'empare de moi, et je recule... Que voulez-vous, je n'ai pas encore pu m'y faire, il n'y a que cinq ans que je suis établi dans votre pays... Qui diable aussi a pu imaginer une mode pareille?

ALIBAJOU.

Je vous ai déjà dit que c'était une loi que le seigneur

Aboulifar, notre compatissant et gracieux gouverneur, avait rendue il y a quinze ans, deux jours après qu'il eut perdu sa femme.

AIR : Chaque Mexicaine jolie.

Sentant alors qu'on ne peut vivre
Quand on a perdu sa moitié,
De cette loi si douce à suivre
Il nous dota par amitié.

BOULBOULIS.

Mais pourquoi donc de sa personne
Ne pas s'enterrer?...

ALIBAJOU.

Le motif...
C'est qu'une loi, pour être bonne,
N'a pas d'effet rétroactif.

AROMATE.

Et puis ce pauvre cher homme, il avait peut-être son idée, il espérait très probablement mourir de douleur... chacun son plaisir... au surplus, il a bien fait de ne pas s'appliquer sa loi... S'ensevelir tout vif... Si ça ne fait pas frémir.

ALIBAJOU.

C'est cette bagatelle-là qui vous arrête, poltron... N'ayez donc pas peur... (*montrant Boulboulis.*) Cet enfant-là vivra long-temps, allez!....

AROMATE.

Vous croyez?... sans être trop curieux, docteur... combien d'années encore, à peu près?

ALIBAJOU.

Mais dame, cinquante à soixante ans.

AROMATE.

Mettons soixante, j'en ai trente, ça me fait quatre-vingt-dix.

BOULBOULIS.

C'est raisonnable!...

AROMATE.

Ce n'est pas trop!... Au moins vous en êtes bien sûr?...

ALIBAJOU.

Ce n'est pas vous que je voudrais tromper... mon protégé, un homme que j'ai fait breveter parfumeur de la cour et entrepreneur général des pompes funèbres; encore une fois, je le garantis, elle vivra plus que vous.

BOULBOULIS, *à part.*

Comment plus que lui, est-ce que par hasard il serait d'une mauvaise complexion? (*bas au docteur.*) Dites donc, docteur, un petit bout de consultation, faites-moi le plaisir de l'examiner un peu.

AIR : Si voyez brillante écharpe. (du comte Ory.)

Dites-moi, ce mariage
N'offre-t-il aucun écueil?...
(*montrant Aromate.*)
Lui trouvez-vous bon visage?

AROMATE.

A-t-elle bon pied, bon œil?
Son teint vermeil m'inquiète.

BOULBOULIS.

Je redoute sa pâleur.

AROMATE.

N'est-elle pas trop replète?

BOULBOULIS.

Il est maigre à faire peur!

AROMATE.

Sa taille est-elle droite?

BOULBOULIS.

Sa poitrine est étroite.

ALIBAJOU, *montrant Aromate.*

Il a tout ce qu'il faut.
(*montrant Boulboulis.*)
Elle est sans défaut.
L'un pour l'autre, voyez,
Vous êtes taillés.

AROMATE ET BOULBOULIS.

Eh bien! puisqu'il en est ainsi,
Je l'accepte pour mon } mari.
Je veux bien être son }
Qu'il est doux pour deux amans
D'être bien portans!

Même air.

BOULBOULIS.

Docteur, il se plaint sans cesse
D'un rhume très obstiné.

AROMATE.

A-t-ell' tout's ses dents d'sagesse?

BOULBOULIS.

A-t-il été vacciné?

AROMATE.

Pour finir cette harangue,
Avant d'être son époux,
Docteur, regardez sa langue !...

BOULBOULIS.

Docteur, tâtez-lui le pouls !...

AROMATE.

Je crains une secousse.

BOULBOULIS.

Tenez, je crois qu'il tousse.

ALIBAJOU.

Ce n'est rien, ce n'est rien.
(*à Boulboulis.*)
Le pouls est très bien.
L'un pour l'autre, voyez,
Vous êtes taillés.

BOULBOULIS ET AROMATE.

Eh bien! puisqu'il en est ainsi, etc.

ALIBAJOU, *parlant.*

Mais je vous demande bien pardon, je suis forcé de vous quitter, il faut que j'aille visiter mon illustre malade, et faire part au gouverneur, son père, du moyen que j'ai imaginé pour la guérir... Mariez-vous, mes enfans, mariez-vous!...

L'un pour l'autre, voyez,
Vous êtes taillés.

BOULBOULIS ET AROMATE.

Eh bien! puisqu'il en est ainsi, etc.
(*Alibajou sort.*)

SCENE III.

BOULBOULIS, AROMATE.

AROMATE.

Est-il ferré sur la médecine, ce M. Alibajou! en vérité je crois que tous ceux qui meurent entre ses mains le font exprès... Il y a tant d'envieux!... De quelle découverte parlait-il donc en s'en allant?...

BOULBOULIS.

Oui! je lui conseille de s'en vanter.

AROMATE.

Qu'est-ce que c'est donc ?

BOULBOULIS.

Il prétend que la seule recette contre la maladie de mademoiselle Irza, c'est... devinez...

AROMATE.

L'acupuncture, peut-être...

BOULBOULIS.

C'est bien autre chose !... un mari !...

AROMATE.

Eh bien !... je ne vois pas ce qu'il y a là de si ridicule; un mari peut être bon comme autre chose, quoique les pharmaciens n'en tiennent pas... D'ailleurs, si ça ne fait pas de bien, ça ne peut pas faire de mal... Dans la position où se trouve la princesse, l'embarras est de s'en procurer un...

BOULBOULIS.

Voilà aussi ce que j'ai dit; ah ! si le seigneur Azan, ce jeune officier des gardes, vivait encore, nous ne serions pas embarrassés, il aimait tant mademoiselle Irza... Quelle barbarie de l'avoir éloigné d'elle, de l'avoir envoyé combattre les Persans !... Le pauvre jeune homme ! nous avons appris qu'il avait été tué... Il faut songer à un autre...

AROMATE.

Dans quelle qualité vous faut-il cela ?...

BOULBOULIS.

Je crois qu'on passerait sur bien des choses, vu la position de la future, et que si le prétendu était honnête homme...

AROMATE, *réfléchissant.*

Honnête homme !... cela devient plus difficile... cependant comme vous dites qu'on passera sur bien des choses, je m'en occuperai, je vous découvrirai cela.

BOULBOULIS.

Vrai !...

AROMATE.

Je vous le promets !

BOULBOULIS.

Je cours vite annoncer cette bonne nouvelle au palais, où sans doute on s'occupe déjà de faire publier dans la ville l'avis du seigneur Alibajou. Quel bonheur si la princesse allait se rétablir !

AIR du Vaud. de Polichinelle sans le savoir.

N'oubliez pas surtout votre promesse,
Je mets ici ma confiance en vous;
Et songez bien qu'en servant la princesse,
Vous travaillez et pour elle et pour nous.
Ceci du moins n'est pas un badinage.

AROMATE.

C'est au sérieux aussi qu'on le prendra.

BOULBOULIS.

Il est question de faire un mariage.

AROMATE.

On ne rit pas avec ces choses-là.

ENSEMBLE.

BOULBOULIS.

N'oubliez pas, etc.

AROMATE.

Je vais bientôt accomplir ma promesse
Et sur mon zèle ici reposez vous,
Je sais fort bien que servir la princesse
C'est travailler et pour elle et pour nous.

(*Boulboulis sort.*)

SCENE IV.

AROMATE.

Il s'agit donc de marier la fille du gouverneur; quel beau parti cependant!... On deviendrait prince au moins!.. Si je... Est-ce que je suis fou? une femme qui n'a peut-être pas quinze jours d'existence!... et les conséquences?.. Si c'était dans un autre pays... en France, nous aurions mille moyens... les journaux... l'homme-affiche... le télégraphe... Pourtant il faut trouver un amateur, et si j'y parviens... quelle fortune!

SCENE V.

FLORIMONT, AROMATE.

CHOEUR *dans le cabaret.*

AIR : Du bonheur suprême.

Mais à cette table
Que l'on est bien,

Non je ne vois rien
Qui lui soit préférable !

AROMATE.

Imprudens !... êtes-vous fous de chanter ainsi à deux pas du palais quand la princesse est dangereusement malade. Vous ne savez donc pas qu'il y va d'être empalé ?

FLORIMONT.

Quel son de voix !

AROMATE.

Que vois-je ?...

FLORIMONT.

Je ne me trompe pas ?

AROMATE.

C'est lui... c'est Casimir !

FLORIMONT.

C'est toi, mon cher ami, par quel hasard, à deux mille lieues de la France ?...

AROMATE.

Mais toi-même ?...

FLORIMONT.

Une tempête affreuse qui nous a jetés à la côte cette nuit ; nous avons été sauvés miraculeusement par des pêcheurs, et c'est avec eux que le verre à la main mes compagnons de voyage et moi nous célébrons cet heureux événement.

AIR de la Sentinelle.

Toute la nuit quand, sans désemparer,
En pleine mer on boit l'onde salée,
Il est permis de se désaltérer
En corrigeant l'eau qui fut avalée.
Ne craignez pas que votre vin nouveau
Chang' notre goguette en orgie,
Car j'en boirais bien un tonneau,
Que c'vin-là par-dessus tant d'eau
Çan'f'rait encor que d' l'eau rougie.

AROMATE.

On voit bien que tu n'avais pas grand'chose à perdre ; toi, tu ne serais pas de si belle humeur !...

FLORIMONT.

C'est ce qui vous trompe, mon cher ami, cent mille écus en portefeuille, rien qu'ça.

AROMATE.

A toi?...

FLORIMONT.

A qui donc?... Ne vous figurez-vous pas que depuis que vous êtes parti on a perdu son temps?... D'abord j'ai quitté la livrée... je me suis jeté dans les affaires... et par suite j'ai couru le monde.

AIR : de la Pénélope.

Changer,
Déloger,
Est un plaisir qui me transporte :
En vrai camp volant
Je suis toujours venant, allant;
Je fuis
D'où je suis,
Et mettant la clé sous la porte.
J'fil' d'un pied léger;
Il est si doux de voyager!

N'pouvant être huissier,
Je m' fis caissier
D'une assurance ;
Là, selon mon gré,
Par moi tout était assuré:
Immeubles, effets,
Procès,
Succès,
Même existence;
Par malheur, hélas!
Notre caisse ne l'était pas.

Partant,
Emportant
Une fortune des plus grêles ;
Dans les Pays-Bas,
Refuge des joyeux ébats,
Je me mis
Commis
D'un inventeur de paragrêles;
L'soleil un matin
Fit fondre les fonds dans ma main.

Agent,
Diligent,
Dans l'charbon d'terre,
En Angleterre,

Pour ma probité
J'étais cité,
J'étais vanté :
O fatalité !
Je me démonte,
Et dans mon compte
Je m'embrouille, car
A Londre il fait tant de brouillard.

Mon goût financier
Me refit caissier
En Bohême,
Caissier à Berlin,
Puis à Madrid, puis à Turin.
Partout
J'eus ce goût ;
En suivant le même
Système,
Vois quel argent fou
J'aurais pu gagner au Pérou.
Je m'y rendais,
Mais
Par ce naufrage
Mon voyage
Se trouve arrêté,
Et de ma comptabilité
Si
L'on veut ici
Faire un petit apprentissage,
Je suis un trésor,
Et pour caissier je m'offre encor.

Changer,
Déloger, etc.

Mais je ne vois pas trop pourquoi nous causons comme cela au soleil ; entre donc là-haut à l'entresol avec les amis, nous serons plus à notre aise.

AROMATE.

Dans un cabaret !... y penses-tu ?

FLORIMONT.

Depuis quand es-tu si méticuleux ?...

AROMATE.

Songe donc !... l'entrepreneur-général des pompes funèbres de l'île.

AIR : De la Colonne.

Mon cher, il faut jouer mon rôle,
Je dois être grave et discret;
Je conviens que ce n'est pas drôle
Mais tu sens tout ce qu'on dirait
En me voyant entrer au cabaret.

FLORIMONT.

Ce sont des préjugés gothiques,
Dans ton état, pourquoi les adopter?
Toi, tu ne peux pas redouter
L'opinion de tes pratiques.

AROMATE.

Mais je suis en même temps parfumeur de la cour.

FLORIMONT.

Sais-tu que tu as là deux fameuses places?... Il t'a fallu de belles protections pour les avoir?...

AROMATE.

Pas trop!... J'ai eu du bonheur: tu sauras d'abord que j'ai fait comme toi, j'ai quitté l'habit galonné, je me suis lancé, mais forcé de m'exiler à la suite d'un petit procès qu'il serait trop long de te raconter, et où tous les torts furent du côté de la justice, je réunis le fruit de mes épargnes, et je pris une action sur l'armement d'un corsaire de mes amis. Nous nous rendions au cap de Bonne-Espérance, lorsqu'un orage nous fit échouer aussi corps et biens sur cette côte. Le hasard m'y fit faire connaissance avec le médecin du gouverneur, je lui appris le secret du gaz hydrogène et la manière d'enlever les cors aux pieds sans douleur; et en revanche il s'est chargé de mon avancement.

FLORIMONT.

Et ça va-t-il un peu dans ce moment-ci?

AROMATE.

Quoi?

FLORIMONT.

La pompe funèbre.

AROMATE.

Je ne me plains pas.

FLORIMONT.

Je te crois parbleu bien, il faudrait être difficile, deux places superbes, un pays charmant, un air sain..... Tout donne envie de se fixer ici, je suis tenté de m'y établir.

AROMATE.

Qui t'en empêche?...

FLORIMONT.

C'est dit, j'y formerai une caisse d'assurance sur la vie des hommes.

AROMATE.

Toujours ton système, excellente spéculation. (*à part.*) Est-ce qu'il saurait?

FLORIMONT.

Ce qui m'a surtout frappé, ce sont les petits soins des maris envers leurs femmes, et les attentions des femmes pour leurs maris... ça fait vraiment plaisir à voir.

AROMATE.

Ah! ah!... tu l'as remarqué...

FLORIMONT.

Je ne connais rien de plus touchant!... C'est étonnant comme cela me raccommode avec le mariage... J'en ai une démangeaison depuis ce matin.

AROMATE.

Vrai! (*à part.*) Quelle bonne idée!...

FLORIMONT.

C'est au point que si je trouvais une femme comme il faut.....

AROMATE.

Tu l'épouserais?

FLORIMONT.

Sur-le-champ.

AROMATE.

Sérieusement?

FLORIMONT.

En honneur.

AROMATE, *à part.*

Voilà mon homme. (*haut.*) J'ai ton affaire, et du soigné, du distingué.....

FLORIMONT.

Jeune?...

AROMATE.

Dix-huit ans.

FLORIMONT.

Jolie?...

AROMATE.

Une perle.

FLORIMONT.

Quelle profession?

AROMATE.

Fille du gouverneur, tout bonnement.

FLORIMONT.

Quelle plaisanterie?...

AROMATE.

Je ne ris pas: veux-tu, ou ne veux-tu pas épouser la princesse Irza, fille du gouverneur de l'île?... Elle est à marier... On lui cherche un époux... Il ne s'en est pas présenté encore, parce que tout le monde a des engagemens; moi-même... j'ai jeté mes vues autre part, encore une fois, veux-tu? ou ne veux-tu pas? Je me fais fort de te marier avec elle.

FLORIMONT.

Si j'en veux, une princesse!... Et tu crois?...

AROMATE.

J'en réponds! Promets seulement de ne pas te dédire.

FLORIMONT.

Il n'y a pas de danger... Par exemple, c'est le ciel qui m'envoie une occasion comme celle-là. Je te promets une commission conditionnée...

AROMATE.

Ce n'est pas par intérêt... (*à part.*) Mais c'est un ami, je ne puis me dispenser de lui dire que la princesse... (*à Florimont.*) Je dois cependant te prévenir...

FLORIMONT.

Je n'écoute plus rien... j'accepte.

AROMATE.

Mais cependant je voudrais te faire observer...

FLORIMONT.

C'est inutile, je te dis que j'accepte... Est-ce que tu recules à présent?

AROMATE.

Moi, reculer... Tu vas voir. (*on entend une ritournelle de marche.*) Justement voici le cortége royal qui s'avance, sans doute pour se rendre à la mosquée... Je vais te présenter au père de ta future...

FLORIMONT.

Au gouverneur, en négligé comme je suis...

AROMATE.

Il est sans façon... Tu es très bien... (*à part.*) Diable gardons-nous bien de le laisser échapper!...

FLORIMONT.

Mais?

AROMATE, *l'arrêtant.*

Tu ne me quitteras pas !... (*à part.*) Je le tiens, ma fortune est faite.

SCENE VI.

LES MÊMES, ABOULIFAR, ALIBAJOU, SUITE.

CHOEUR.

AIR : Vivent, vivent les Français. (d'Aline.)

Au temple brûlons l'encens,
Et pour notre auguste princesse
Signalons notre tendresse
Par les accens
Les plus touchans.

ABOULIFAR.

AIR : Entendez-vous l'airain tonner.

Que le cortége arrête ici,
Et que le crieur fasse entendre
Que, décidément aujourd'hui,
Je veux me procurer un gendre.
Jusqu'à mes sujets je descends,
Qu'il s'en offre un, et si le drille
A des mœurs et des sentimens,
Et surtout de bons répondans,
Il sera l'époux de ma fille.

CHOEUR.

Oui, s'il a de bons répondans,
Il sera l'époux de sa fille.

ALIBAJOU, *à Aboulifar.*

Vous allez voir qu'il va y avoir concurrence...

ABOULIFAR.

Il me semble qu'on ne se presse guère.

ALIBAJOU.

C'est le respect.

FLORIMONT, *à Aromate.*

Avance donc, on va nous couper l'herbe sous le pied.

AROMATE, *à Florimont.*

Un instant... il faut te faire valoir un peu.

ABOULIFAR, *au peuple.*

Commencez la publication.

AROMATE, *s'avançant.*

C'est inutile, seigneur.

ABOULIFAR.

Pourquoi?

AROMATE.

Parce que j'ai votre affaire sous la main.

ALIBAJOU, *à part.*

Ce drôle-là trouverait la pierre philosophale.

AROMATE.

C'est un de mes intimes, un compatriote... il est suffisamment informé, et il consent...

ABOULIFAR.

Comment donc? mais c'est à merveille; qu'il vienne, qu'il se présente, ce cher ami, qu'il soit le bienvenu!

FLORIMONT, *s'avançant et faisant jabot.*

Quoi! seigneur.

ABOULIFAR, *à Alibajou.*

Comment le trouvez-vous, docteur?

ALIBAJOU.

Mais, c'est un beau blond.

ABOULIFAR.

Aromate, je vous accorde une gratification de 1,000 sequins.

AROMATE.

Seigneur, que de bontés!...

FLORIMONT.

Je te donne cent louis pour les épingles...

ABOULIFAR, *à Florimont.*

Embrassez-moi, mon gendre. Jeune homme, qui es-tu? As-tu des papiers?

AROMATE, *bas à Florimont.*

En as-tu?

FLORIMONT, *à Aromate.*

Je n'ai que l'expédition d'un de mes bilans.

AROMATE, *à Florimont*

C'est égal. (*haut.*) Oui, Sire, il est parfaitement en règle.

ABOULIFAR.

Voyons.

AROMATE, *bas à Florimont.*

Donne donc.

FLORIMONT, *donnant un papier au roi.*

Voilà, Seigneur.

ABOULIFAR, *tendrement.*

Appelle-moi ton beau-père.

FLORIMONT.

Voilà, beau-père... c'est en français.

ABOULIFAR, *regardant le papier.*

En français... superbe langue! (*repassant le papier à Alibajou.*) Le docteur va nous lire cela.

ALIBAJOU, *essayant.*

C'est en français, n'est-ce pas? (*Il repasse le papier à Aromate.*) Je n'ai pas mes conserves.

ABOULIFAR, *à Aromate.*

Aromate, vous m'avez dit que vous saviez lire.

AROMATE, *faisant semblant de lire.*

Oui, seigneur...

«Vous laisserez circuler librement le sieur Casimir Florimont, taille d'un mètre dix-huit centimètres, yeux bleu-tendre, nez aquilin, bouche grande, menton carré, âgé de trente-deux ans.»

ABOULIFAR.

Natif de...

AROMATE.

De Domfront...

ABOULIFAR.

Ah! mon Dieu!... nous avons ici un proverbe sur les gens de ce pays-là... Et son domicile ordinaire?...

FLORIMONT.

Paris...

ABOULIFAR.

C'est fort bien. A propos, as-tu servi?

FLORIMONT, *embarrassé.*

Sans doute j'ai servi dans les meilleures maisons...

AROMATE.

Sa hautesse demande dans quel régiment tu as été....

FLORIMONT.

Ah! dans quel régiment?.. dans les fourrages...

ABOULIFAR.

Et ta profession actuelle?

FLORIMONT.

Est de ne rien faire.

ABOULIFAR.

Diable !... c'est un état superbe; avec cela on ne paie pas de patente; je suis content des informations. Justement voici la princesse...(*on entend de nouveau le chœur:*)

Au temple brûlons l'encens, etc.

SCENE VII.

LES PRÉCÉDENS, IRZA, BOULBOULIS, SUITE.

ABOULIFAR.

Allons, mon gendre, donnez la main à votre future, nous ferons de suite les fiançailles dans le temple... Eh! mon Dieu, oui; ma fille, c'est un époux que je t'ai choisi...

IRZA.

Un époux! grands Dieux!

FLORIMONT, *s'approchant d'Irza qui est voilée.*

Quatuor du Barbier de Séville.

Allons, chère princesse,
Ayez donc la bonté de me donner la main,
Afin que de notre tendresse
Nous parlions en chemin.

IRZA.

J'obéis; quel malheur!
Cher Azan, je te jure
Qu'on fait violence à mon cœur.

AROMATE.

Il semblerait qu'à la jeune future
Le mariage ferait peur.

ALIBAJOU.

Oui; cet hymen qu'ici, je vous conseille
Vous le verrez, seigneur, fera merveille.

ABOULIFAR A IRZA.

Pourquoi vous faire ainsi tirer l'oreille?
A votre époux
Faites donc les yeux doux,

BOULBOULIS.

Puisqu'il le faut, cédez à votre père.

IRZA.

O douleur amère!...
Fɩ t-il encor me taire?

FLORIMONT.

Mais je vais bientôt m'arranger de manière

Qu'elle m'aimera
Plus qu'ell' ne voudra.

AROMATE.

Fais y ton possible.

FLORIMONT.

Je suis si sensible!

ABOULIFAR.

Vous voyez l'effet que vous faites, mon gendre.

FLORIMONT.

J'en suis peu surpris, j'ai le regard si tendre!

BOULBOULIS.

Est-il bon enfant? il croit déjà qu'on l'aime.

ENSEMBLE.

IRZA.

Oh! pour moi quel affreux tourment!
Quel moment!
Tout est contre moi, mon père lui-même :
Quel parti
Faut-il que je prenne aujourd'hui?

BOULBOULIS.

Pour elle quel affreux tourment!
Quel moment!
Tout est contre elle, et son père lui-même!
Quel parti
Faut-il qu'elle prenne aujourd'hui?

ABOULIFAR, ALIBAJOU, AROMATE.

Quel heureux moment! leur bonheur est extrême.
Ah! quel bon parti
Pour eux deux aujourd'hui!

FLORIMONT.

Quel heureux moment! mon bonheur est extrême.
Je me marie aujourd'hui.
Quel parti!

TOUS.

Trop heureux époux, vous vous plairez peut-être:
Formez des liens éternels dans ce jour,
Car on se convient souvent sans se connaître:
C'est un jeu du hasard ainsi que de l'amour.
Partons sans tarder, partons à l'instant même,
Car c'est aujourd'hui la fête de l'amour.

LE CHOEUR, ALIBAJOU, ABOULIFAR, AROMATE, FLORIMONT.

O plaisir extrême!
Est-il un plus beau jour?

IRZA.

Ma peine est extrême :
Ah! mon cher Azan, c'est le moment suprême!

Je ne fus jamais plus triste qu'en ce jour.
Trop cruel amour!

BOULBOULIS.

Sa peine est extrême!
Combien je la plains! c'est le moment suprême!
Fut-elle jamais plus triste qu'en ce jour!
Malheureux amour!

(*Le cortége se remet en marche sur la ritournelle du chœur d'entrée.*)

SCENE VIII.

Le théâtre représente une galerie du palais d'Aboulifar.

AZAN, ALIBAJOU.

ALIBAJOU.

Azan... O mon ami, que je suis heureux de vous revoir! Tout le monde ici vous croit mort...

AZAN.

Je n'étais que prisonnier, mais il ne s'agit pas de moi. Irza?.....

ALIBAJOU.

Elle est bien souffrante.

AZAN.

Quel malheur!...

ALIBAJOU.

Elle se marie.

AZAN.

Quelle horreur!...

ALIBAJOU.

Ah! ça, mon cher, vous avez perdu la tête, qu'est-ce que cela vous fait?...

AZAN.

Mais je l'aime, je l'adore... C'est-à-dire que je l'aimais avant sa perfidie...

ALIBAJOU.

Ah! vous l'aimez encor, c'est clair... Eh bien, j'ai fait de belle besogne... Ah! mon ami, je vous demande bien pardon; combien je suis coupable!..

AZAN, *vivement.*

Sa maladie serait-elle votre ouvrage?

ALIBAJOU.

Non, mais son mariage!...

AZAN.

Comment son mariage; est-ce que vous avez changé d'état?

ALIBAJOU.

Non pas... mais elle se marie par ordonnance du médecin... Que diable aussi... vous partez sans me rien dire. Je vois cette jeune personne dépérir... j'ignore qu'elle pleure son amant... je crois qu'il lui faut un époux, et j'ordonne le mariage, comme j'aurais ordonné d'aller prendre les eaux.

AZAN.

Cruel docteur, que de mal vous nous avez fait!

ALIBAJOU.

Il s'agit maintenant de le réparer.

AZAN.

Et le moyen?

ALIBAJOU.

Je le cherche...

AZAN.

Si j'en croyais ma colère, j'irais défier cet odieux rival; je lui arracherais la vie... et...

ALIBAJOU.

Et par contre-coup vous tueriez votre maîtresse... Joli moyen... Attendez donc... Oui, l'entreprise est hardie... mais elle peut réussir. Etes-vous sûr de l'amour d'Irza?

AZAN.

Je l'ai cru long-temps, et je commence à l'espérer de nouveau.

ALIBAJOU.

Si elle veut suivre aveuglément vos conseils, nous sommes sauvés.

AZAN.

Expliquez-vous, de grace.

ALIBAJOU.

Allons-nous délibérer ici, où chacun peut nous surprendre? venez avec moi, et je vous développerai mon plan.

AZAN.

Mais on les marie...

ALIBAJOU.

Laissez-moi faire, je me charge de la séparation.

AZAN.

Et le fiancé, quel homme est-ce?

ALIBAJOU.

Une espèce d'intrigant, duquel nous aurons, je crois, bon marché... Mais on vient... tenez, c'est lui-même.

SCENE IX.

LES PRÉCÉDENS, FLORIMONT, *il sort du temple.*

FLORIMONT.

AIR : de Berton fils.

Je vais être, en honneur,
L'époux de la princesse.
Oui bientôt je serai grand seigneur;
Quel bonheur! quelle ivresse!
Oui vraiment je serai grand seigneur,
Quel bonheur! quelle ivresse!
Je puise chaque jour
Dans un trésor immense,
Et je trouve à la cour,
Respect, obéissance.

AZAN.

Dans ton état brillant
Chère Irza, si je t'aime,
Sans richesse et sans rang
Je t'aimerais de même.

ENSEMBLE.

FLORIMONT.	AZAN.
Je vais être, en honneur,	Chère Irza, sous ta loi
L'époux de la princesse,	Je veux vivre sans cesse;
Un jour je serai grand seigneur;	Si j'ai su te garder ma foi
Quel bonheur! quelle ivresse!	Garde moi ta tendresse.

ALIBAJOU.

Je vais, sur mon honneur,
T'enlever ta maîtresse;
Ce faquin serait grand seigneur?
Ah! sauvons la princesse.

FLORIMONT, *d'un air indifférent.*

Puisque vous voilà, vous, docteur... cela me fait penser... Allez donc voir ma femme.

AZAN.

Sa femme !

FLORIMONT.

Sans doute... ma femme... ou peu s'en faut puisqu'on vient de nous fiancer.

ALIBAJOU.

La princesse aurait-elle besoin de mes soins?...

AZAN, *avec feu.*

Irza serait malade !

FLORIMONT.

Irza !... malade !... Est-il drôle ce monsieur ?... qu'est-ce que ça lui fait... Vous connaissez donc ma femme... vous la connaissez donc particulièrement?

AZAN, *embarrassé.*

Seigneur...

ALIBAJOU.

Et qui en cette île ne prend intérêt à notre jeune princesse?...

FLORIMONT, *à part.*

C'est juste. (*haut.*) Non, docteur, la princesse n'est pas précisément malade... Mais, vous savez, les demoiselles qu'on marie... s'évanouissent toujours un peu... Et la belle Irza s'est conformée à l'usage...

ALIBAJOU.

Je cours...

FLORIMONT.

Vous me rendrez service. A présent que me voilà à la cour, j'aurai toujours sur moi des sels, des essences. Mais, voyez-vous, aujourd'hui je n'avais que ma tabatière... et...

ALIBAJOU.

Vous pouvez compter sur mon zèle... Venez, mon ami...

FLORIMONT.

Son ami !... son ami !... ce jeune homme ne sera jamais le mien... Au reste, une fois marié... On ne peut répondre de rien...

AIR des Blouses.

Allez, docteur, de votre art tutélaire
A mon Irza prodiguer les secours ;
Son mal n'est rien, et bientôt, je l'espère,
Il va s'enfuir chassé par les amours.

AZAN.

Faut-il me taire et l'entendre sans cesse ?

ALIBAJOU, *à Azan.*

Sans la prudence adieu notre dessein ;
Il a jugé le mal de la princesse,
Mais c'est vous seul qui serez médecin.

ENSEMBLE.

Venez, docteur, etc.

SCENE X.

FLORIMONT, *seul*, *ensuite* AROMATE.

FLORIMONT.

C'est toujours une chose fort désagréable que cette indisposition subite au moment des fiançailles. On pourrait croire que ce mariage ne la flatte pas infiniment... Au surplus, passe pour cette fois; qu'elle ait encore une petite faiblesse le jour de ses noces, je ne dis pas,... mais ensuite je ne veux plus entendre parler de maux de nerfs... de vapeurs... Ce genre-là ne me convient pas... Je suis bon prince, mais si ma femme veut trop faire la princesse, nous aurons du tapage.

SCENE XI.

FLORIMONT, AROMATE.

AROMATE, *en entrant.*

Je te cherche, mon cher ami, tu me vois désolé de n'avoir pu assister à la cérémonie de tes fiançailles... On dit que c'était magnifique, mais tu sais... le devoir avant tout...

FLORIMONT.

Parbleu, mais c'est tout simple, d'ailleurs pour les amis la cérémonie des fiançailles n'est pas très amusante... En France, au moins, nous avons le dîner d'accords qui mérite considération... Mais ne va pas me manquer le jour de mon mariage... Oh! c'est que, vois-tu... ce jour-là nous nous en donnerons... Je veux qu'on rie, qu'on s'amuse, et qui plus est, je veux m'amuser moi-même... Non, c'est qu'on voit de nouveaux époux qui n'ont pas l'air d'être à la noce... mais moi, tu verras.

AROMATE.

Je l'espère bien, je ne serai pas toujours obligé de donner mes soins à un premier visir.

FLORIMONT.

Comment, tes soins? il est donc défunt... ça va faire une belle place à donner.

AROMATE.

Laisse donc... il se porte à merveille... c'est sa femme qui est défunte; mais raison de plus, comme il doit faire le dernier voyage avec elle....

FLORIMONT.

Tu me fais des contes... ce pauvre visir, on va l'enterrer tout vif, n'est-ce pas? est-ce qu'il a commis un grand crime?

AROMATE.

C'est le plus honnête homme du monde.

FLORIMONT.

Je suis bon enfant, moi, d'écouter toutes tes balivernes, et de te répondre; (*à part.*) c'est égal, je veux voir jusqu'où il ira. (*haut.*) Pourquoi enterre-t-on le grand visir?

AROMATE.

Parce que. ..st l'habitude.

FLORIMONT.

C'est l'habitude d'enterrer les maris avec les femmes...

AROMATE.

Eh oui... mille fois oui... a-t-il la tête dure?...

FLORIMONT, *frissonnant.*

Non... non... je commence à comprendre... et le visir se laissera faire?

AROMATE.

Il est enchanté!...

FLORIMONT.

Je lui souhaite bien de la satisfaction... si jamais on m'y prend...

AROMATE.

On ne peut pas savoir... si ta femme mourait?...

FLORIMONT, *effrayé.*

Comment!... (*se rassurant.*) mais non, c'est impossible. Je suis étranger, moi!...

AROMATE.

Cela ne fait rien...

FLORIMONT, *plus effrayé.*

Les étrangers sont soumis à cette formalité?...

AROMATE.

Certainement... une fois fiancés dans l'île, il est trop juste qu'ils jouissent des mêmes bénéfices que les naturels du pays.

FLORIMONT.

Au moins vous auriez dû faire afficher cela... C'est un guet à pens; mais j'y pense... Ma future qui s'est trouvée mal à la cérémonie.

AROMATE.

Charmante petite femme, est-ce qu'elle voudrait déjà... Sais-tu bien, mon ami, que cela te ferait le plus grand honneur dans le pays?... Tu dis donc qu'elle est très malade?...

FLORIMONT.

Du tout, du tout... je ne dis pas cela... une faiblesse causée par le plaisir... la joie... Elle ne s'est jamais mieux portée au contraire. (*on entend une ritournelle.*) Tiens, les voilà tous qui reviennent du temple!...

AROMATE.

En effet, mais regarde... on soutient la princesse... Elle est mourante...

SCENE XII.

LES MÊMES, ABOULIFAR, IRZA, *que l'on soutient.*

CHOEUR.

AIR de Léonide (deuxième acte).

Quel mal de notre princesse
Soudain menace les jours,
Et, commandant la tristese,
Suspend l'hymne des amours?

ABOULIFAR.

De ta souffrance, ô ma fille,
Que mon cœur est tourmenté!

FLORIMONT.

Ah! de toute la famille
Je suis bien le plus affecté.

LE CHOEUR.

Quel mal de notre princesse, etc.

FLORIMONT.

Est-ce que vous souffrez beaucoup, chère Irza?... C'est sans doute l'émotion...

IRZA, *d'une voix faible.*

Oui, je souffre, et rien ne saurait maintenant apaiser ma douleur!

FLORIMONT, *bas.*

Quand je disais. (*haut.*) Notre mariage vous rendra probablement le calme et la santé.

IRZA, *avec un soupir.*

Oh non!

FLORIMONT.

Comment non?.. (*à part.*) Je suis un homme perdu. (*haut.*) Et le médecin qu'est-ce qu'il dit?

ABOULIFAR.

Vous deviez nous l'envoyer, mais nous l'avons attendu en vain.

FLORIMONT.

C'est une chose unique... Mais tout concourt donc... Cependant il m'a quitté pour aller au secours de la princesse?

ABOULIFAR.

Boulboulis est allée à sa recherche, et sans doute bientôt...

SCENE XIII.

LES MÊMES, BOULBOULIS, ABOULIFAR, AZAN, *déguisé.*

BOULBOULIS, *entrant.*

Me voilà... me voilà... j'amène deux docteurs...

ABOULIFAR.

Comment?

FLORIMONT.

C'est ça, une consultation.

ALIBAJOU, *entrant avec Azan.*

Je vous présente, seigneur, un des hommes les plus savans de l'époque... Dans le long voyage qu'il vient de faire, il s'est surtout occupé de la santé des dames, et je ne doute pas qu'il ne guérisse la princesse...

BOULBOULIS, *à part.*

Je répondrais du succès !

ABOULIFAR.

Ah! seigneur, que nous vous devrons de reconnaisance...

AZAN.

Aucune, seigneur, et si le succès couronne mes efforts, ce jour sera le plus beau de ma vie...

IRZA, *le regardant.*

Le son de cette voix... pénètre jusqu'à mon cœur...

FLORIMONT.

Le temps est précieux, ne voulez-vous pas examiner la malade, seigneur?...

AZAN.

Oui, sans doute. (*Il s'approche d'Irza et lui touche la main.*)

IRZA, *avec un mouvement.*

Je ne sais quel trouble s'empare de mes sens!

AZAN.

La maladie de la belle Irza paraît grave... Je ne désespère pas cependant de lui rendre la santé... Mais il faut avant tout que j'aie avec elle un entretien secret... Seigneur Aboulifar, y consentez-vous...

ABOULIFAR.

Comment donc! si j'y consens, mais je vous le demande en grace.

FLORIMONT.

Eh bien ! je refuse... une femme doit tout dire devant son mari.

BOULBOULIS, *à part.*

De quel pays vient-il donc le futur? (*haut.*) Tenez, si M. le savant veut le permettre, je resterai moi... ma maîtresse sait combien je l'aime, ma présence ne la gênera pas... J'ai toujours entendu dire que si les femmes ont quelquefois des secrets pour leurs maris, elles n'en ont jamais pour leurs femmes de chambre.

AROMATE, *bas à Florimont.*

Songe donc combien il est important pour toi qu'elle guérisse.

FLORIMONT, *bas.*

Sans cela... (*haut.*) eh bien! faites ce que vous voudrez.

ABOULIFAR.

Maintenant retirons-nous tous.

CHOEUR.

AIR : des Rendez-Vous bourgeois.

Vous dont la science
Nous rend l'espérance,
Par votre présence
Conservez ses jours.
Elle est jeune et belle ;
Ah! que votre zèle
Ramène pour elle,
Plus pure et plus belle,
L'heure des amours.

(*Ils sortent.*)

SCENE XIV.

AZAN, IRZA, BOULBOULIS.

BOULBOULIS.

Allons, M. le docteur, causez avec la princesse, et d'abord ne faites pas attention à moi... je n'entends rien à la médecine, voyez-vous. (*à part.*) C'est égal, depuis que je connais ce médecin-là, j'ai presque envie d'être malade.

AZAN.

Belle Irza, aurez-vous quelque confiance en moi ?

IRZA.

Ah! quel que soit votre savoir, seigneur, vous ne pouvez me guérir.

BOULBOULIS.

Nous verrons cela !...

AZAN.

Ecoutez-moi.

AIR du Faux Ermite (de Beauplan).

Ne suivant pas de maint confrère
Le système souvent fatal,
Près du malade je préfère
M'occuper surtout du moral.
(*avec feu.*)
Ah! laissez-moi lire au fond de votre ame,
Deviner ses craintes, ses vœux.

IRZA.

Mais dans vos regards quelle flamme !

AZAN.

N'ayez pas peur, je suis si vieux !

Même Air.

Pour vous un hymen se prépare ;
Doit-il faire votre bonheur ?

IRZA.

Malgré moi mon cœur se déclare ;
Un tel lien me fait horreur.

AZAN, *vivement.*

Il faut le rompre. Ah ! je perdrai la vie,
Ou le destin comblera tous mes vœux.

IRZA.

Cet air, cette voix attendrie....

AZAN.

N'ayez pas peur, je suis si vieux !

Ou je me trompe bien, belle Irza, ou maintenant votre mal m'est connu!... Mais si l'hymen cause vos tourmens, l'amour ne pourrait-il pas les faire cesser?

IRZA.

Jamais !...

AIR de Panseron.

L'amour d'un brave embellissait ma vie ;
M'unir à lui c'était mon seul désir ;
Pour les combats il quitte son amie,
Et vole où sont des lauriers à cueillir.
La mort le frappe au sein de la victoire,
Et mon bonheur est perdu sans retour ;
Mais, en pleurant, si je maudis sa gloire,
Je veux mourir fidèle à son amour.

AZAN, *se jetant aux genoux d'Irza.*

Vivez, chère Irza, pour lui être fidèle.

IRZA.

Est-ce bien toi, Azan !

BOULBOULIS.

Sans doute, c'est bien lui, quand je vous disais que vous pouviez vous fier a ce médecin-là.

AZAN.

C'est pour vous sauver que j'ai pris ce déguisement : voulez-vous suivre aveuglément mes conseils?

IRZA.

Oh! oui; car vous ne pouvez vouloir que mon bonheur.

BOULBOULIS.

J'aperçois le futur; fiez-vous à moi, je connais votre projet, et il doit réussir.

IRZA.

Mais mon père...

BOULBOULIS.

Alibajou est allé le prévenir, et il ne saurait résister quand il y va du bonheur de sa fille.

AZAN.

Que ton cœur
Du bonheur
Garde l'espérance ;
De la confiance,
Mais
Beaucoup de prudence :
Paix.

IRZA.

Oui, mon cœur
Du bonheur
Garde l'espérance ;
J'ai la confiance,
Mais
Beaucoup de prudence :
Paix.

BOULBOULIS.

Votre cœur
Du bonheur
Garde l'espérance ;
De la confiance,
Mais
Beaucoup de prudence :
Paix.

(Azan et Irza sortent.)

SCENE XV.

FLORIMONT, BOULBOULIS.

FLORIMONT.

Eh bien! ma femme, le médecin; personne! où sont-ils donc?

BOULBOULIS, *en pleurant.*

Ah! mon Dieu! mon Dieu! ma pauvre maîtresse.

FLORIMONT.

Eh bien! que lui est-il encore arrivé?..

BOULBOULIS.

Ah! Monsieur, je n'aurai jamais la force de vous le dire.

FLORIMONT.

La princesse serait-elle plus mal?..

BOULBOULIS.

Plus mal, Monsieur... sans connaissance.

FLORIMONT.

Et vous ne me dites pas cela de suite? Il me semble pourtant que j'y suis assez intéressé pour qu'on me tienne au courant de sa santé.

BOULBOULIS.

Vous ne m'en avez pas laissé le temps.

FLORIMONT.

Eh bien, retournez près d'elle, prodiguez-lui tous les secours ; n'épargnez ni les soins ni l'argent. (*Il la pousse dehors.*)

SCENE XVI.

FLORIMONT, ABOULIFAR.

ABOULIFAR.

Hélas ! tout est inutile maintenant.

FLORIMONT.

Comment ? ma femme...

ABOULIFAR.

Vient d'expirer !

FLORIMONT, *tombant sur un siége.*

Je suis mort.

ABOULIFAR.

Pauvre garçon.... l'aimait-il ! Allons, mon gendre, de la philosophie.

FLORIMONT.

C'est bien aisé à dire.

ABOULIFAR.

Faut-il que ce soit moi qui vous console ?... moi qui perds ma fille.

FLORIMONT.

Et moi, croyez-vous donc que je ne perde rien ?... Une femme qui était si nécessaire à mon existence! Dieu !...

ABOULIFAR.

Quel cœur !... Mon gendre, vos regrets vous honorent infiniment à mes yeux.... car enfin vous connaissiez à peine la moitié...

FLORIMONT.

La moitié... la moitié... Ce n'est pas celle-là que je plains c'est celle qui reste... Ah ! si j'avais su... Mais comment se douter...

AIR : Un homme, pour faire un tableau.

En quels lieux vit-on une loi
Qui vous enchaîne de la sorte?
Il faut que l'on m'enterre... moi...
Parce que mon épouse est morte.
Du moins, les femmes de Paris,
Quelques malheurs qui leur arrivent,
Ne font enrager leurs maris
Que pendant le temps qu'elles vivent.

Au lieu qu'ici...

ABOULIFAR.

Ici on fait au survivant un convoi magnifique, ce qui flatte infiniment son amour-propre, en ce qu'il a l'avantage de le voir... plaisir dont vous auriez été probablement privé si votre bonne étoile ne vous avait fait débarquer dans cette île.

FLORIMONT.

Eh bien! je m'en serais passé.

ABOULIFAR.

C'est un coup d'œil superbe. Vous verrez le vôtre. J'ai donné des ordres...

FLORIMONT.

Je vous demande un peu de quoi vous vous mêlez.... Mais c'était à moi à m'occuper de ces détails... J'y aurais mis le temps nécessaire.

ABOULIFAR.

C'est une galanterie que j'ai désiré vous faire... Je n'ai pas regardé au prix... D'ailleurs, ce sera votre cadeau de noces... Eh! tenez, voilà qu'on vient vous chercher.

FLORIMONT.

Moi!... pour aller où?

ABOULIFAR.

Au souterrain.

FLORIMONT.

Déjà? diable d'homme, comme il expédie les affaires... Vous me donnerez au moins le temps de faire mon testament.

ABOULIFAR.

C'est une formalité inutile et qui nous retarderait. Vous mourez sans postérité, par conséquent votre fortune appartient de droit au gouvernement; c'est trop juste. (*Il s'éloigne et revient.*) A propos, j'oubliais de vous faire connaître un article de la loi qui vous est relatif, mais dont je vous crois trop galant homme pour profiter.

FLORIMONT.

Dites toujours, dans ma position tout devient intéressant.

ABOULIFAR.

Vous pouvez vous faire remplacer.

FLORIMONT.

Comment ça?...

ABOULIFAR.

C'est-à-dire que si d'ici au moment où l'on vous descendra dans le souterrain, il se présente quelqu'un pour prendre votre place... il vous est permis d'accepter.

FLORIMONT.

Il m'est permis d'accepter... c'est bien heureux!... Est-ce que vous croyez qu'il y aura des amateurs?

ABOULIFAR.

Ce n'est pas probable, mais c'est possible.... dans ce cas vous perdriez tous vos droits sur votre épouse, votre mariage deviendrait nul... et vous sentez que ce ne serait pas savoir vivre, que d'avoir recours à ce moyen.

FLORIMONT.

Si fait, si fait; mon savoir-vivre, au contraire, m'ordonne d'en profiter... et vous m'obligerez beaucoup en faisant publier partout que je donne 100,000 francs de récompense à celui qui me rendra ce service... vous entendez... cent mille francs; et puis, n'oubliez pas non plus de lui faire valoir qu'en accompagnant ainsi la princesse, il devient de droit son auguste époux. Je connais la loi : ça peut le déterminer, parce qu'enfin il y a une chance... si elle allait en revenir!...

ABOULIFAR.

Vous y tenez donc absolument?

FLORIMONT.

Beaucoup.

ABOULIFAR.

Je n'ai pas le droit de vous refuser. (*Il fait un signe, et un garde sort.*) Maintenant, ces messieurs sont à vos ordres.

FLORIMONT.

Eh bien! qu'ils s'en aillent, alors.

ABOULIFAR.

Mais il faut les suivre.

FLORIMONT.

Il n'y a pas moyen de m'en dispenser?..

ABOULIFAR.

Impossible.

CHOEUR.

AIR du vaudeville de Bedlam.

Pour soutenir votre honneur.
Allons, mon cher, du courage,
Et faites, selon l'usage,
Contre fortune bon cœur.

ABOULIFAR.

Afin d'accomplir la loi,
A la dernière demeure
Je vous suis dans un quart-d'heure.

FLORIMONT.

Ne vous pressez pas pour moi.

ENSEMBLE.

Pour soutenir mon } honneur, etc.
Pour soutenir votre }

(*Ils sortent.*)

SCENE XVII.

(*Le théâtre change et représente un site désert; au fond, la mer; à gauche, un souterrain.*)

LES MÊMES, FLORIMONT, *accourant poursuivi par les gardes.*

FLORIMONT.

AIR : Le briquet frappe la pierre.

Mais je ne prends pas la fuite :
Mes amis, ne craignez rien,
C'est pour me faire du bien
Qu'ici je marche un peu vite.
Chacun prend son agrément
Selon son tempérament;
Moi j'aime le mouvement,
C'est un moyen sanitaire
Qui m'a toujours profité,
Laissez-m'en la faculté;
Avant que l'on ne m'enterre,
Je puis bien en vérité
Circuler pour ma santé!

D'ailleurs, je viens ici en amateur. J'ai trouvé quelqu'un pour me remplacer. (*à part.*) Ça n'est pas vrai, mais c'est égal. (*haut.*) J'ai donné rendez-vous ici à la personne.

L'OFFICIER.

Seigneur, nos ordres sont précis, et si d'ici à quelques minutes elle n'est pas arrivée...

FLORIMONT.

Elle ne peut tarder... D'ailleurs, voyez à quels regrets vous vous exposeriez si, par une précipitation mal entendue... (*apercevant Aromate.*) Ah! mon ami, c'est toi; je ne pouvais te retrouver plus à propos.

AROMATE, *d'un ton pleureur.*

Tu devais bien penser que dans ta position c'était un devoir pour moi de venir te joindre.

FLORIMONT.

Aromate... tu es mon ami, mon meilleur ami!

AROMATE.

Je crois t'en avoir donné des preuves.

FLORIMONT.

Oui, je sais tout ce que je te dois, et si jamais je me trouve en position de te rendre la pareille... Mais il s'agit d'un dernier service.

AROMATE.

Parle... quel est-il?

FLORIMONT.

Je crains d'être indiscret.

AROMATE.

Impossible.

FLORIMONT.

Eh bien! mon ami... mais, non, tu ne voudras jamais.

AROMATE.

Dis toujours.

FLORIMONT.

Laisse-toi enterrer à ma place... Depuis cinq ans que tu es dans l'île tu dois en avoir contracté les habitudes.

AROMATE.

Pauvre ami! demande-moi tout autre chose, mais pour celle-là je suis forcé de te refuser.

FLORIMONT.

Tu as donc tes raisons pour cela?

AROMATE.

Certainement... Pauvre ami, tu sais bien que c'est moi qui rends ce service-là aux autres; ainsi tu vois, il n'y a pas de mauvaise volonté de ma part... En revanche, j'espère que tu ne t'adresseras qu'à moi pour te faire embaumer.

FLORIMONT.

Comment me faire embaumer?

L'OFFICIER, *s'approchant.*

Seigneur, le temps est expiré.

FLORIMONT.

Un instant... Vous voyez bien que nous causons d'affaires. (*à part.*) L'agréable conversation! Il faut pourtant la continuer pour gagner du temps. (*haut à Aromate.*) Dis-leur donc que nous parlons d'affaires.

AROMATE, *à l'officier.*

Laissez-nous un instant. (*à Florimont.*) Tu conçois qu'un homme qui se respecte, un homme qui a comme toi occupé la première place de l'état ne peut pas se dispenser...

FLORIMONT.

Tu crois?

AROMATE.

Sans doute, celà te ferait le plus grand tort dans l'esprit des habitans; si cependant tu ne veux pas... (*appelant les gardes.*) On peut de suite... Pauvre ami...

FLORIMONT, *vivement.*

Comment si je ne veux pas... au contraire... cela me fera le plus grand plaisir. (*bas.*) Marchandons, nous gagnerons une heure. (*haut.*) Et dans quel prix cela peut-il aller?

AROMATE.

Oh nous n'aurons pas de discussion là-dessus; tu me rembourseras simplement mes frais... Et si ça monte à mille écus... c'est tout.

FLORIMONT.

Diable... ça me paraît bien cher...

AROMATE.

Pense donc qu'il faut que je fasse de toi une momie... pauvre ami!

FLORIMONT.

Je comprends bien... mais il ne faut pas profiter de ma position pour m'écorcher.

AROMATE.

Quel reproche!

AIR : Je loge au quatrième étage.

M'accuser d'un calcul infâme !
Dans ton cœur, tu me juges mieux,
Tu sens tout le soin que réclame
Un travail si minutieux ;
Quand je te traite en conscience,
Sur le prix pourquoi quereller ?
Pauvre ami ! c'est une dépense
Qui ne peut se renouveler !...

Eh ! pense donc qu'alors tu te conserveras... bah... six mille ans peut-être.

FLORIMONT.

Je sens combien c'est avantageux ; mais il me semble qu'en t'offrant cent écus.

AROMATE.

Cent écus !... Il n'y aurait pas de quoi payer l'eau de Cologne. Il est inutile de faire attendre plus long-temps ces Messieurs ; je vois bien que nous ne pourrons jamais nous entendre. (*aux gardes, durement.*) Approchez. (*tendrement.*) Pauvre ami !

ALIBAJOU, *arrêtant les gardes, qui ont fait quelques pas.*

Un instant, Messieurs, il faut que je parle au seigneur Florimont.

FLORIMONT, *vivement.*

Certainement il faut qu'il me parle... il a même des choses très longues et très importantes à me communiquer. Eloignez-vous... encore... encore...

ALIBAJOU.

Ce fripon d'Aromate vous a demandé de l'argent, n'est-ce pas !... Eh bien ! moi, je viens vous en offrir.

FLORIMONT.

Pourquoi faire ?

ALIBAJOU.

Vous êtes Français, n'est-ce pas ?

FLORIMONT.

Oui certainement, je le suis.

AIR : des Amazones.

De votre accueil, de votre bienveillance
Je garderai long-temps le souvenir ;
Mais aujourd'hui mon amour pour la France
Se fait chez moi si vivement sentir,
Que je voudrais bien vite y revenir.

Pour cet honneur, qui veut que l'on m'enterre,
Je ne saurais le trouver de mon goût :
Aux cœurs bien nés que la patrie est chère!
Je suis Français, mon pays avant tout!

ALIBAJOU.

C'est ce que je cherchais. J'ai déjà dans mon cabinet un Nègre, un Lapon et un Chinois... Vous sentez que vous manquez à ma collection, et que vous serez un sujet précieux pour mes études anatomiques.

FLORIMONT.

Mais a-t-on jamais fait de semblables propositions? Je suis donc avec des Cannibales, des Antropophages!

ALIBAJOU, *aux gardes.*

Allons, Messieurs, faites votre devoir.

FLORIMONT.

Arrêtez... il faut que je parle au gouverneur, je lui ai donné rendez-vous ici. Le voici.

SCENE XVIII.

LES MÊMES, ABOULIFAR, CHOEUR.

FLORIMONT, *courant vers le gouverneur.*

AIR : de Julie.

Seigneur, il faut que je vous dise
Encor deux mots, et les voici :

ABOULIFAR.

Que vois-je! et quelle est ma surprise!...
Quoi! vous... mon gendre encore ici!

FLORIMONT.

Eut-on jamais plus d'obligeance?

ABOULIFAR.

Pardon, mais je suis furieux
De voir que pour vous en ces lieux
On mette tant de négligence.

FLORIMONT.

Ne les grondez pas, beau-père, ce n'est pas leur faute.

ABOULIFAR.

Voyons, dépêchez-vous. Qu'avez-vous à me dire?

FLORIMONT.

Je sens aussi bien que vous, beau-père, je dirai même, mieux que vous, combien il est honorable pour moi d'être inhumé avec la princesse...

AIR du Carnaval (de Bérenger.)

Mais, par malheur la chose est impossible :
Je ne saurais accomplir votre loi,
Car il est un aveu pénible
Que m'arrache ma bonne foi.
En vérité, je serais trop coupable
En usurpant un sort aussi flatteur :
Je fus laquais ; je suis un misérable,
Un vrai coquin... ma parole d'honneur.

ABOULIFAR.

Je ne vous crois pas...

FLORIMONT.

Ai-je du malheur?.. c'est la première fois qu'on me chicane là-dessus. Mais, beau-père, je vous assure, je peux vous montrer mes papiers.

ABOULIFAR.

Vous m'avez donc trompé?

FLORIMONT.

Je l'avoue.

ABOULIFAR.

C'est autre chose.

FLORIMONT.

Je respire.

ABOULIFAR.

AIR : Que l'on guette.

Qu'on le pende,
Qu'on le pende,
Ce mari de contrebande,
Qu'on le pende,
Qu'on le pende
A l'instant,
Sans jugement.

FLORIMONT.

Beau-père, encore une fois...

ABOULIFAR.

Silence ! je vous accorde
Le souterrain ou la corde :

Vous êtes maître du choix.
Quel embarras est le vôtre ?

FLORIMONT.

Voici ma décision :
Je ne veux ni l'un, ni l'autre.

ABOULIFAR.

Vous sortez de la question.

TOUS, *en chœur.*

Qu'on le pende, etc.

FLORIMONT.

Il est dit que je n'en échapperai pas... Eh bien ! j'aime encore mieux descendre à la cave. (*il s'avance au bord et recule aussitôt.*) Un instant, Messieurs, je suis Français, (*montrant Alibajou.*) Monsieur peut vous le dire, et la politesse nationale veut que les dames passent les premières.

ABOULIFAR.

Ce n'est pas l'usage ici...

FLORIMONT.

Vrai !... (*les assistans font signe que non, il s'approche et s'éloigne encore.*) Il n'y a personne parmi vous qui soit tenté de me remplacer... L'occasion est belle... Une princesse, ça ne se représentera pas de sitôt. Une fois... deux fois... (*on veut le faire entrer.*) Je crois qu'on a dit oui là-bas...

ABOULIFAR.

Allons, mon gendre, voilà déjà trois fois que...

FLORIMONT.

Eh bien ! quand il y en aurait trois... Je vous le donne en quatre, à vous.

ABOULIFAR.

Qu'on l'entraîne !

FLORIMONT, *descend quelques marches.*

J'entends du bruit.

SCENE XIX.

LES MÊMES, AZAN, *accourant.*

AZAN.

Arrêtez, arrêtez.

FLORIMONT.

Oui, arrêtez. (*sautant dehors.*) Tiens, c'est le médecin de tantôt... J'espère que vous ne venez pas exprès pour que je vous paie votre visite.

AZAN.

Non, je viens vous prier de me céder votre place...

FLORIMONT.

Comment, mon cher ami, avec le plus grand plaisir...

AZAN.

Mais j'y mets une condition.

FLORIMONT.

Oh! les cent mille francs... C'est juste, vous les avez bien gagnés...

AZAN.

Non... Vous renoncerez, en présence de tous ces messieurs, à tous vos droits sur la princesse.

ABOULIFAR.

Il n'en a plus aucun; vous devenez son mari, puisque vous vous faites enterrer avec elle...

FLORIMONT.

Ah! soyez tranquille, je ne réclamerai pas. (*On entend plusieurs mesures de ritournelle qui annoncent l'arrivée de la princesse.*)

SCENE XX.

LES MÊMES, IRZA, BOULBOULIS, SUITE DE LA PRINCESSE.

(*Irza évanouie est portée sur un palanquin.*)

CHOEUR.

Princesse chérie,
Puissions-nous
Tous,
Puissions-nous te rendre la vie!

La rose
Eclose
Ne vit qu'un matin.
Quel destin!

AZAN.

Vous me promettez,
Vous me jurez,
Quoi qu'il arrive,
Qu'Irza, morte ou vive,
Me doit sa foi,
Qu'elle est à moi;

FLORIMONT ET ABOULIFAR.

Nous vous promettons,
Nous vous jurons,
Quoi qu'il arrive,
Qu'Irza, morte ou vive,
Vous doit sa foi :
Telle est la loi.

TOUS.

Princesse chérie, etc.

AZAN, *qui s'est dépouillé de sa barbe et de son manteau.*

Irza! quel bonheur!

IRZA.

Azan, tu me rends la lumière!

ABOULIFAR.

Azan!

IRZA.

Oui, mon père!
Et je vous presse sur mon cœur.

FLORIMONT.

Je pourrais, je croi,
D'un tel abus de confiance
Demander vengeance,

ABOULIFAR.

Cher Azan, ma fille est à toi.

TOUS.

Princesse chérie,
Ah! dans ce jour
L'amour
Vient te rendre à la vie.
Ivresse,
Tendresse,
Vont faire le bonheur
De ton cœur.

AZAN.

Maintenant, seigneur Florimont, vous désirez sans doute retourner à votre vaisseau ; une barque amarrée à quelques pas d'ici va vous y conduire.

FLORIMONT.

Il n'en est pas moins vrai que c'était à moi qu'appartenait...

ABOULIFAR.

Ah! pour le souterrain, il n'y a plus moyen... Mais nous avons encore la corde... et si vous y tenez...

FLORIMONT.

Merci !... merci !...

CHŒUR FINAL.

AIR : C'est à Paris (du Valet-de-chambre).

De ce séjour,
Et sans retour,
A partir vite
On vous invite,
Beau voyageur,
C'est du bonheur
D'en être quitte
Pour la peur.

Beau voyageur,
Bien du bonheur.

FLORIMONT.

AIR : Que la folie à table, etc.

De ces Messieurs si le barbare usage
M'a fait naguère envisager la mort,
Dans ce moment je redoute un orage
Qui nous ferait tous échouer au port.
Préservez-nous d'un trépas si précoce!
Votre indulgence est notre seul espoir;
Pour que demain nous soyions à la noce
Il ne faut pas nous enterrer ce soir.

CHŒUR.

De ce séjour, etc.

FIN.

PIÈCES NOUVELLES

QUI SE TROUVENT CHEZ LE MÊME LIBRAIRE.

Fiorella, opéra-comique en trois actes, par M. *Scribe*. 1 50

C'est demain le Treize, vaudeville en un acte, par MM. *Arago* et *Desvergers*. 1 50

Le Tambour et la Musette, vaudeville par MM. *Jouslin de la Salle* et *Ernest*. 1 50

Le Corrégidor, mélodrame en trois actes, par MM. *Antony* et *Léopold*. 1 50

La Vieille, opéra-comique en un acte, par MM. *Scribe* et *G. Dolavigne*. 2 »

Marguerite d'Anjou, opéra en trois actes, par M. *Sauvage*. 2 »

La Bégueule, vaudeville-féerie en deux actes, par MM. *Merle*, *Brazier* et *Carmouche*. 1 50

La petite Maison, comédie en trois actes, par M. *Mélesville*. 3 »

La Dame Blanche, opéra-comique en trois actes, par M. *Scribe*, quatrième édition. 2 50

Le Maçon, opéra-comique en trois actes, par MM. *Scribe* et *G. Delavigne*, deuxième édition. 2 50

Les Prisonniers de Guerre, mélodrame en trois actes, par MM. *Antony et Léopold*. 1 50

Les Acteurs à l'Auberge, vaudeville en un acte, par MM. *Francis* et *Jouslin de la Salle*. 1 25

Cagliostro, mélodrame en trois actes, par MM. *Antony* et *Léopold*, deuxième édition. 1 50

L'école du Scandale, comédie en trois actes, par MM. *Jouslin de la Salle* et *Crosnier*. 1 50

La Noce et l'Enterrement, vaudeville-féerie en trois tableaux, par MM. *Davy*, *Lassagne* et *Gustave*. 1 50

Le Contumace, mélodrame en trois actes, par MM. *Saint-Maurice* et *Jouslin de Lasalle*. 1 50

Le Cadran de la commune, tableau-vaudeville en un acte, par MM. le baron *De Montgenet* et *Jouslin de Lasalle*. 1 50

Le Commis-Voyageur, vaudeville en un acte, par M. *Montigny*. 1 50

La Salle de Police, vaudeville en un acte, par M. *Carmouche*. 1 50

Monsieur et Madame, vaudeville, en un acte, par MM. *Charles Hubert* et *Décour*. 1 50

Marie, opéra-comique en trois actes, par M. *Planard*. 2 50

Le Neveu de Monseigneur, opéra-comique en deux actes, par M. *Sauvage*. 2 »

La Brouette du Vinaigrier, comédie de *Mercier*, réduite en un acte. 1 50

Les Amans enfoncés, tragédie burlesque, par M. *Thiébaut*. 1 50

Le Timide, opéra-comique en un acte, par MM. *Scribe* et *Saintine*. 2 »

Les Noces de Gamache, opéra en trois actes, par M. *Sauvage*. 2 »

Robin des Bois, opéra en trois actes, par MM. *Sauvage* et *Castil-Blaze*. 1 50

Le Mendiant, mélodrame en trois actes, par MM. *Hubert* et *Poujol*. 1 50

L'Anonyme, comédie-vaudeville en deux actes, par MM. *Dupeuty*, *Villeneuve* et *Jouslin de la Salle*. 1 80

Le Monstre et le Magicien, mélodrame en trois actes, par MM. *Merle* et *Antony*. 1 50

Le Juif, vaudeville en deux actes, par M. *Désaugiers*, deuxième édition. 1 50

Le Manuel des Coulisses, ou le Guide de l'Amateur, vol. in-18, contenant les mots usités au théâtre. 1 50

On trouve également chez le même libraire un assortiment complet de pièces de théâtre anciennes et nouvelles.

www.ingramcontent.com/pod-product-compliance
Lightning Source LLC
LaVergne TN
LVHW012010160826
845678LV00002B/758

* 9 7 8 2 3 2 9 6 6 9 5 8 8 *